LES

CRÉATIONS DE LA JURISPRUDENCE

EN MATIÈRE DE

RÉGIME DOTAL

PAR

PAUL HENRY

Professeur de droit civil à la Faculté libre de droit d'Angers.

(Extrait de la *Revue du Notariat*)

PARIS

MARCHAL ET BILLARD

IMPRIMEURS-ÉDITEURS, LIBRAIRES DE LA COUR DE CASSATION

PLACE DAUPHINE, 27

1905

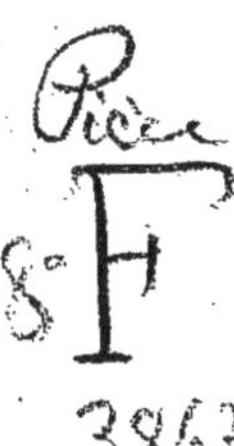

LES CRÉATIONS DE LA JURISPRUDENCE

EN MATIÈRE DE RÉGIME DOTAL

On sait comment le régime dotal, — ce régime anormal qui atteint si gravement la capacité de la femme, — prit place dans le Code civil.

Les anciennes provinces de droit écrit, tout en subissant contrairement à leurs plus chères traditions, la communauté, comme régime de droit commun (1), obtinrent du moins, du législateur de 1804 l'insertion, au titre du contrat de mariage, d'un dernier chapitre, reproduisant les grandes lignes du régime matrimonial qu'elles avaient elles-mêmes emprunté à la législation romaine.

Mais ce chapitre, dont la rédaction, peut-être un peu hâtive, ne laisse pas d'offrir des lacunes, serait bien insuffisant pour faire connaître le régime dotal, tel qu'il se pratique de nos jours. La jurisprudence y a mis, en effet, beaucoup du sien, brodant, si nous osons ainsi parler, avec une liberté toute prétorienne, sur la trame que les rédacteurs du code civil s'étaient contentés de tisser.

Or, comme le remarquait jadis fort judicieusement la pré-

---

(1) L'œuvre d'unité législative entreprise en 1804 devint tout particulièrement difficile, lorsqu'il fut question de fixer le régime matrimonial légal, à assigner aux époux, en l'absence de contrat de mariage. Si, sur ce point, comme sur tant d'autres, l'idée coutumière triompha, avec son régime de la communauté, elle rencontra une vive opposition de la part des partisans du système contraire : « C'est, s'écriait le tribunal d'appel de Montpellier, une pomme de discorde que le nord de la France veut jeter dans le midi. » (Fenet, t. IV, p. 500).

face d'un vieux recueil de jurisprudence (1), « les arrêts servent à apprendre l'usage des lois ».

Pour les praticiens, cet usage des lois prime même, en quelque sorte, les lois elles-mêmes. S'ils s'en tenaient en effet, pour les conseils à donner à leurs clients, aux textes légaux et même aux thèses les mieux établies de la doctrine, ils les exposeraient trop souvent à de cruelles déconvenues.

L'étude de la jurisprudence du régime dotal nous semble tout particulièrement intéressante, et cela pour trois raisons. D'abord, il s'agit de ce contrat des contrats, dont Brodeau (2) disait si judicieusement : « Entre toutes les conventions des hommes, il n'y en a point qui aient plus de poids, de solidité et de stabilité, ni plus d'autorité, et qui étreignent plus fortement la société civile que les contrats de mariage, auxquels, comme au centre, aboutissent tous les actes particuliers qui se passent par après entre les conjoints » ; d'autre part, le régime dotal, à raison même de ses anomalies, et par suite aussi de ses surprises, se recommande à toute l'attention de ceux qui veulent ne pas en être victimes. Enfin, le travail de la jurisprudence en ce qui le concerne, offre l'une des plus notables applications de ce droit extra-légal qui rappelle un peu celui du préteur à Rome, et que l'on a en effet décoré, de nos jours, de la dénomination de droit prétorien.

Loin de nous la prétention de faire ici connaître dans tous ses détails, l'œuvre si touffue de la jurisprudence en matière de régime dotal. Laissant de côté tout ce qui n'est que de simple interprétation, nous nous en tiendrons à cette œuvre créatrice, à laquelle faisait allusion notre éminent rédacteur en chef, quand il disait, dans sa savante étude du régime dotal : « En l'absence d'un texte positif, la jurisprudence, malgré le danger de l'arbitraire, a dû parfois faire la loi » (3).

Nous relèverons donc simplement, dans la riche mine d'arrêts que nous offre cette jurisprudence, les décisions qui, en

------

(1) *Arrêts remarquables du Parlement de Toulouse* de Catellan.

(2) Sur Louet, Lettre M, somm. IV, n° 3.

(3) Le *Régime dotal, étude historique, critique et pratique,* p. 138.

venant s'ajouter aux dispositions consacrées par le Code civil
au régime dotal, nous ont paru pouvoir être qualifiées de *créations de la jurisprudence*.

Ces créations, sans doute, sont plus ou moins hardies, mais
elles présentent toutes, du moins, ce caractère commun d'une
œuvre complémentaire du code civil lui-même.

Voici, au surplus, la liste de celles que nous allons passer
successivement en revue :

1° La clause de dotalité;

2° Une dotalité dépouillée, pour le mari, de ses droits ordi-
naires de jouissance et d'administration;

3° L'inaliénabilité des revenus des immeubles dotaux, jusqu'à concurrence des charges du mariage;

4° L'inaliénabilité de la dot mobilière, avec aussi cependant
attribution, en principe, au mari, du droit de disposer des meubles dotaux et des valeurs mobilières dotales;

5° Enfin la combinaison hybride d'une dot renfermée dans
le paraphernal acheté avec des deniers dotaux ou donné en
paiement d'une dot constituée en argent.

I

Un honorable vétéran du notariat nous mandait |naguère
de Dijon que, dans la région où il avait exercé ses fonctions
pendant de longues années, d'importants contrats de mariage
adoptaient le régime de la communauté réduite aux acquêts,
avec addition d'une clause de dotalité, pour la moitié ou les
trois quarts de la dot; et il ajoutait : « Cet usage nous est
transmis de Paris ».

M. Dépinay signale également cette combinaison de la
communauté d'acquêts et d'une dotalité partielle, comme
étant d'un usage fréquent à Paris et dans les départements
voisins. Il nous la montre même pénétrant dans les départements éloignés de la capitale : dans la région lyonnaise notamment (1).

______

(1) *Op. cit.*, p. 379.

En l'insérant dans leur contrat de mariage, les époux n'adoptent pas, en réalité, le régime dotal, mais bien un régime de communauté : ils veulent seulement attribuer, sous ce dernier régime, au moins à une partie de la dot, la sauvegarde de l'inaliénabilité dotale.

Les textes du code civil n'avaient rien prévu de semblable. Ils avaient seulement envisagé, dans l'art. 1581, l'adjonction au régime dotal d'une société d'acquêts; c'est-à-dire, en somme, la combinaison inverse de celle dont il s'agit.

La jurisprudence ne pouvait manquer d'être appelée à se prononcer sur le sort de la clause ainsi introduite dans les contrats de mariage.

Elle s'est prononcée en sa faveur; et cette application du principe de la liberté des conventions matrimoniales se justifie aisément. On ne saurait refuser aux parties contractantes le droit de combiner ensemble, à leur gré, les différents régimes matrimoniaux que la loi met à leur disposition, et ce qui leur est permis sous l'étiquette du régime dotal ne saurait être illicite sous celle de la communauté.

« Les époux, proclamait donc déjà un arrêt de la Cour suprême du 3 février 1879 (1), quel que soit leur régime matrimonial, ont la faculté de stipuler que la dot mobilière ou immobilière sera inaliénable, ou ne pourra être aliénée que sous certaines conditions; et... une clause de cette nature, qui n'a rien de contraire à la loi, imprime à la dot constituée un véritable caractère d'inaliénabilité, avec les effets réglés pour le régime dotal ». On exige seulement que cet emprunt au régime dotal s'affirme nettement dans le contrat de mariage :

« La femme commune, a dit encore la Cour suprême (2), qui veut modifier par une clause de dotalité partielle, le régime sous lequel elle s'est mariée, doit en faire, dans le contrat de mariage, la déclaration expresse; que si, à cet égard, aucune formule sacramentelle n'est prescrite, l'intention doit

---

(1) D. P., 1879, 1, 246.
(2) 8 juin 1858 (D. P., 1858, 1, 233), comp. même c., 18 octobre 1898 (*Pand. fr.*, 1899, 1, 71).

toujours être assez clairement énoncée, pour qu'aucun doute ne puisse tromper les tiers ».

En somme, il faut, pour la clause de dotalité, ce que l'art. 1392 prescrit pour l'adoption du régime dotal lui-même. Mais la largeur avec laquelle la jurisprudence entend cette dernière disposition (1), s'étend à la clause de dotalité. C'est ainsi que la Cour de cassation admet que, faute d'une clause expresse de dotalité, on peut néanmoins rencontrer « les caractères d'une stipulation pouvant en tenir lieu, et protégeant avec la même efficacité les biens auxquels elle s'applique » (2).

Il va de soi que si la clause de dotalité constitue un emprunt au régime dotal, cet emprunt doit être restrictivement entendu. La clause de dotalité se borne à l'effet que lui attribue l'arrêt précité de 1879, d'imprimer à la dot l'inaliénabilité, « avec les effets réglés pour le régime dotal ». Il en résulte notamment que si, pour la dot ainsi dotalisée, — et seulement d'ailleurs, bien entendu, pour la portion ainsi dotalisée, — la femme est frappée de l'incapacité spéciale à la femme dotale, il y aurait lieu de faire abstraction de toutes les autres règles spéciales au régime dotal, telles que, par exemple, la présomption légale de réception de la dot de l'art. 1569 et la répartition proportionnelle des fruits de la dernière année, après la dissolution du mariage de l'art. 1571.

II

Si la clause de dotalité, qui n'est, en somme, qu'une application normale des principes généraux, ne heurte, en réalité, aucun texte légal, il n'en va pas de même, selon nous, de cette autre clause qui prétend appliquer l'inaliénabilité dotale, à des biens dont elle enlève au mari l'administration et la jouissance.

Il est clair que l'inaliénabilité dotale ne peut s'appliquer

---

(1) Comp. Nîmes, 22 juil. 1851 (D. P., 1852, 2, 182) et les nombreux arrêts cités par M. Dépinay, *op. cit.*, p. 140 et 141.
(2) 13 nov. 1895 (D. P., 96, 1, 14; S., 99, 1, 267).

qu'a des biens dotaux. Or, aux termes de l'art. 1540, sous le régime dotal, comme sous tous les régimes possibles, la dot est « le bien que la femme apporte au mari pour supporter les charges du mariage ».

Cette définition n'est d'ailleurs que l'écho fidèle des anciennes traditions. On disait même jadis que le mari était le maître de la dot. Ce vieux principe romain du mari *dominus dotis* finit, sans doute, par tomber dans le domaine des fictions, mais le mari demeura toujours au moins, — comme il l'est encore aujourd'hui (comp. art. 1549, C. civ.), — usufruitier de la dot. Nous nous refusons donc à concevoir la dot sous un autre aspect.

Les biens dont le mari n'a ni l'administration ni la jouissance, ne seraient, dès lors, pour nous, que des paraphernaux, et demeureraient par suite complètement en dehors du texte, manifestement d'ailleurs de droit étroit, de l'art. 1554, proclamant seulement inaliénables « les *immeubles constitués en dot* ».

La jurisprudence s'est cependant montrée plus accommodante. La cour suprême décide que, nonobstant la dérogation apportée dans la circonstance à l'art. 1549, dérogation que la liberté générale des conventions matrimoniales rend évidemment possible (1), les immeubles soumis à ce régime de la séparation de biens, n'en doivent pas moins, par cela seul qu'ils ont été déclarés dotaux, être considérés comme atteints par l'inaliénabilité dotale et par suite imprescriptibles (2).

Mais, dirons nous volontiers avec M. Lyon-Caen (3), « est-il croyable que les rédacteurs de notre code, qui ont eu tant de peine à admettre l'inaliénabilité dotale, aient voulu lui donner, au point de vue des biens qu'elle peut frapper, une extension assurément inconnue avant 1804? »

La chose est au moins douteuse : or, dans le doute, ne con-

---

(1) Comp. C. de cass., 2 mars 1837 (S., 37, 1, 193), et 31 juil. 1861 (D. P., 62, 1, 113).
(2) 17 fév. 1886 (S., 86, 1, 161).
(3) Note dans S., 86, *loc. cit.*

viendrait-il pas de se prononcer contre l'anomalie de l'inaliénabilité ?

III

L'œuvre de la jurisprudence a été tout particulièrement
féconde quant à cette inaliénabilité, dont les anciens partisans
du régime dotal faisaient, lors de la rédaction du Code civil,
la *base* de ce régime (1).

Elle a singulièrement aggravé, à cet égard, les dispositions
légales, comme on le verra sous ce numéro et les numéros
suivants.

A s'en tenir au texte même de l'art. 1554, la règle de l'inaliénabilité dotale ne concernerait, comme à son origine même,
dans la constitution de Justinien (2), que le fonds dotal lui-même,
abstraction faite des revenus qu'il peut produire.

La jurisprudence a jugé cependant que la même sauvegarde
s'étend aux revenus eux-mêmes, dans la mesure où ils seraient nécessaires aux besoins du ménage : elle décide que,
jusqu'à concurrence de ces besoins, ils sont incessibles et
insaisissables (3).

La Cour de cassation donne comme « *bien certaine* » cette
inaliénabilité partielle des revenus dotaux (4).

Ainsi donc, tandis que, dans un texte manifestement de
droit étroit, le législateur n'avait songé qu'à sauver le tronc,
la jurisprudence a voulu sauver, en partie, les branches elles-
mêmes.

A une époque où l'on éprouvait encore le besoin d'argu-
menter en ce sens, un ancien arrêt de la Cour suprême du
24 août 1836 (5), après avoir vu dans l'art. 1554 une disposi-

---

(1) Voy. Malleville, *Analyse raisonnée de la discussion du
Code civil au Conseil d'Etat,* 2ᵉ édit., t. II, p. 319.
(2) L. un., § 15, C. *de rei uxoriae actione.*
(3) C. de Pau, 3 mars 1898 (*Pand. fr.,* 1899, 2, 173).
(4) Voir not. 12 mars 1902 (D. P., 1902, 1, 191).
(5) S., 36, 1, 913.

tion absolue ne distinguant pas entre le fonds et les revenus,
— ce qui est manifestement inadmissible, autrement il ne
faudrait pas s'en tenir à une simple inaliénabilité partielle des
revenus, — ajoutait cette considération « que la destination
des biens dotaux étant de supporter les charges du mariage,
leurs revenus doivent être employés à fournir les aliments à
la famille ».

Mais rien dans l'art. 1554 ne fait allusion ni aux revenus
dotaux, ni à cette distinction du nécessaire et du superflu.
Toute la théorie est donc en dehors des prévisions légales.

IV

L'inaliénabilité de la dot mobilière a été, — nous le dirions
volontiers, — créée de toutes pièces par la jurisprudence.

Outre, en effet, que l'inaliénabilité n'a été édictée par
l'art. 1554 que pour les immeubles, en l'étendant à la dot mobilière, la jurisprudence l'a établie dans des conditions diffé-
rentes de celle que fixa le législateur de 1804 pour les biens
immobiliers.

L'hésitation des arrêts, cependant ne fut pas longue. Après
avoir déjà admis le 28 juin 1810 (1), l'inaliénabilité de la dot mobilière, en vue d'une constitution dotale qui avait été faite sous
l'empire du droit écrit, la Cour suprême, le 1er février 1819 (2),
admit la même solution en faveur d'une femme dotale dont le
contrat de mariage remontait au 4 vendémiaire an XIV, c'est-
à-dire aux premières années qui suivirent la promulgation du
Code civil.

Ce premier arrêt invoquait lui-même les anciennes traditions. Il se basait tout d'abord, en effet, sur cette considération « que, dans les pays de droit écrit, c'était un principe
constant, consacré par la jurisprudence, que la femme ne
pouvait, quoiqu'avec l'autorisation de son mari, aliéner sa dot

(1) S., 1810, 1, 341.
(2) S., 1819, 1, 146.

mobilière, même indirectement, en contractant des obligations exécutoires sur ses meubles ou deniers dotaux ».

Telle paraît bien, en effet, avoir été la solution qui prévalut jadis en pays de droit écrit

En faisant bon marché de la constitution précitée de Justinien, comme on le fait aujourd'hui de l'art. 1554 C. civ., un ancien auteur disait, par exemple : « La femme ne peut, pendant le mariage, aliéner ni engager sa dot, *soit que la dot consiste en argent, en meubles ou en immeubles* (1). »

La Cour suprême s'inclina d'autant plus volontiers, à cet égard, devant les anciennes traditions, qu'autrement, l'inaliénabilité étant la caractéristique du régime matrimonial, qui leur fut emprunté, « pour le très grand nombre de femmes qui n'ont pour dot que du mobilier, il n'y aurait pas réellement de régime dotal. »

Inaugurée ainsi dès la fin du troisième lustre, après le Code civil, l'inaliénabilité de la dot mobilière est actuellement passée à l'état d'axiome devant les tribunaux (2).

Cette inaliénabilité produit, en ce qui concerne la femme elle-même, les effets les plus absolus.

On refuse à cette dernière toute capacité de disposer, soit directement, soit indirectement, de la dot mobilière, sans que même la séparation de biens puisse venir rien changer à cet égard. La Cour suprême, par exemple, a refusé à la femme à laquelle la dot avait été restituée à la suite de cette séparation, le droit d'aliéner une créance dotale, même avec l'autorisation du mari (3).

De l'incapacité pour la femme dotale d'aliéner, directement ou indirectement, sa dot mobilière, on a tiré les graves conséquences suivantes :

---

(1) Julien, *Éléments de jurisprudence selon les lois romaines et celles du royaume*, liv. I, tit. IV, n° 28. Comp. un arrêt du Parlement de Toulouse du 2 janv. 1637, dans d'Olive, *Questions notables*, liv. III, ch. xxix, et du Rousseaud de Lacombe, v° *Dot*, part. II, sect. III, n° 6.

(2) Comp. not. C. de cass., 15 fév. 1899, D. P., 1899, 1, 247.

(3) 3 fév. 1879 (D. P., 1879, 1, 246).

1° La femme dotale ne peut s'obliger personnellement sur cette dot elle-même (1) ;

2° Elle ne peut disposer de sa créance en reprise du capital dotal, ni par suite de l'hypothèque légale, affectée comme sûreté à cette créance (2) ;

On applique à l'inaliénabilité de la dot mobilière les exceptions, apportées par les art. 1555 et suivants, à l'inaliénabilité des immeubles dotaux (3).

Aussi bien, ces deux inaliénabilités sont loin de se confondre.

On ne soumet pas la dot mobilière à cette disposition de l'art. 1554, d'après laquelle « les immeubles constitués en dot ne peuvent être aliénés... *ni par le mari*, ni par la femme ». La jurisprudence pose en effet, en principe, le droit pour le mari d'aliéner les meubles dotaux, corporels ou incorporels.

« La dot mobilière, proclamait déjà un fameux arrêt de la Cour de cassation du 6 décembre 1859 (4), soumise, par sa nature même, à des chances diverses d'altération ou de perte, devait, dans les vues du législateur, comporter tous actes de disposition qui permettraient au mari d'en faire l'emploi le plus utile à l'intérêt de la famille » ; et le même arrêt ajoutait : « que, dans le silence de la loi, il n'y a, à cet égard, aucune raison de distinguer entre les choses fongibles ou les créances exigibles, et les choses qui ne se consomment pas par l'usage, ou les droits incorporels, productifs de revenus à des époques périodiques ».

----

(1) Arrêt précité de la Cour de cassation du 13 janv. 1874,

(2) Comp. avec le même arrêt de 1874, même Cour, 6 déc. 1882 (D. P., 1883, 1, 219) et Grenoble, 16 déc. 1882 (D. P., 1883, 2, 242).

La dotalité renfermée dans le paraphernal acquis avec des deniers dotaux, dont nous parlerons dans le numéro suivant, peut aussi être considérée comme une conséquence de la même incapacité.

(3) Comp. not. Cass., 24 oct. 1892 (S., 92, 1, 574), et 15 févr 1899 (D. P., 1899, 1, 247).

(4) D. P., 59, 1, 501 ; S., 60, 1, 644.

Lorsque fut rendu ce premier arrêt, qui cassait un arrêt de la Cour de Lyon, la jurisprudence n'était pas encore bien fixée à cet égard, mais un arrêt de rejet du 1ᵉʳ août 1866 (1) donnait déjà cette doctrine comme définitivement adoptée : « La jurisprudence a sagement admis, disait-il, que le principe de l'inaliénabilité de la dot, quand il s'applique à une dot mobilière, laisse intact entre les mains du mari le droit de disposer de cette dot, de la façon qu'il juge utile aux intérêts de la famille, sous la garantie de l'hypothèque légale que sa femme conserve contre lui, sans pouvoir jamais y renoncer ». Plus récemment, un arrêt du 13 janvier 1874 (2) dit encore : « Le principe de l'inaliénabilité de la dot mobilière ne porte aucune atteinte au pouvoir du mari de disposer de cette dot. »

La doctrine ainsi formulée par la Cour suprême paraît bien avoir eu elle-même ses racines dans les anciennes traditions : « Lorsque, remarquait le savant annotateur de Despeisses (3), l'aliénation des meubles apportés en dot par la femme a été faite par le mari pendant le mariage, ni elle, ni ses héritiers ne peuvent révoquer cette aliénation. » Cet auteur y voyait une conséquence du vieux principe romain qui faisait du mari le maître de la dot, principe auquel n'avait été apporté aucune restriction en matière mobilière, et il admettait d'ailleurs aussi indifféremment le même droit de disposition pour les meubles corporels et pour les meubles incorporels.

Il est à remarquer, cependant, que le Code civil lui-même ne confère au mari que la jouissance et l'administration de la dot (4).

Nous y verrions donc encore une création de la jurispru-

---

(1) D. P., 66, 1, 446.

(2) S., 74, 1, 160. Voir cep., dans le cas d'un nantissement constitué par les deux époux sur des valeurs dotales, Paris, 26 fév. 1903 (D. P., 1903, 2, 96).

(3) Œuvres de Despeisses, édit. du Rousseaud de Lacombe, tit. XV, sect. III, n° 29, *nota*.

(4) Art. 1549.

dence. L'association de cette doctrine avec celle de l'inaliénabilité dotale, ne laisse pas, en tout cas, de présenter un côté étrange, que M. Laurent (1) rend bien sensible, en faisant tenir à la femme ce langage : « Vous me donnez une garantie contre moi, en me défendant d'aliéner, à quoi me sert cette garantie, si mon mari peut disposer de ma dot ? »

Aussi bien, une clause très usitée dans les contrats de mariage de régime dotal, la stipulation que les valeurs dotales ne seraient aliénables qu'à charge de remploi, vient modifier cette situation en faveur de la femme. Les pouvoirs attribués au mari ne le sont, en effet, que « sauf les restrictions qui peuvent y avoir été apportées par les conventions matrimoniales » (2). Il est admis aussi qu'en pareil cas, l'agent de change, chargé par le mari de la négociation d'une valeur de cette nature, devra, sous peine d'engager sa responsabilité, « prendre toutes les précautions nécessaires pour s'assurer que les fonds provenant de la négociation, reçoivent l'emploi auquel ils sont destinés » (3).

V

Nous avons annoncé une dernière création de la jurisprudence : la combinaison, — non moins étrange que la dénomination même qui lui est donnée, — d'une dot *renfermée* dans un paraphernal.

M. le conseiller Cotelle signalait très nettement naguère ce que nous considérerions volontiers comme un accroc à l'article 1553, d'après lequel « l'immeuble acquis des deniers dotaux n'est pas dotal, si la condition de l'emploi n'a été stipulée par le contrat de mariage » ; et « il en est de même de l'immeuble donné en payement de la dot constituée en argent » :

---

(1) T. XXIII, n° 542.
(2) Arrêt précité du 13 janv. 1874.
(3) C. de cass., 20 mars 1894 (S., 94, 1, 489 ; D., 95, 1, 45).

« Bien que l'art. 1553, disait ce savant magistrat, refusât le caractère dotal aux immeubles acquis par la femme avec les deniers dotaux, ou reçus en payement d'une dot constituée en argent, il a été décidé que les valeurs dotales dont ces immeubles avaient pris la place dans le patrimoine de la femme, y demeureraient incorporés avec leur attribut d'inaliénabilité, de telle manière qu'en cas de revente, la femme fût en droit de prélever, sur le prix, les mêmes valeurs, en dépit de toute charge d'hypothèque dont elle aurait pu grever sa propriété (1) ».

Précisons bien, tout d'abord, les circonstances dans lesquelles se produit le fait juridique assez complexe dont il s'agit.

Les deniers dotaux dont le mari avait la libre disposition, et que, dès lors, il pouvait employer pour son propre compte, ont reçu une autre destination. Le placement s'en est réalisé pour la femme elle-même, à laquelle ils ont servi de prix, pour l'acquisition d'un immeuble. Cette dernière opération n'a évidemment rien d'illicite. Nul ne saurait contredire à cette observation de la Cour de Caen (2), d'après laquelle « sauf le cas de fraude ou de simulation, l'immeuble appartient à celui des époux, au nom duquel l'acquisition est faite ; et la propriété repose sur la tête de celui qui achète, et non sur la tête de celui qui fait l'avance des capitaux nécessaires pour le payement du prix ».

Il n'est pas moins certain que ce bien, quoiqu'il ait été acheté avec des deniers dotaux, n'en est pas moins paraphernal, faute de la clause d'emploi requise, pour en faire un immeuble dotal, par l'art. 1553. Force est de s'incliner devant les exigences formelles de cette disposition (3).

Mais on voit, dans le paraphernal dont il s'agit, « le gage et la représentation des deniers dotaux » (4) ; et l'on veut, en conséquence, que, si rien ne s'oppose à son aliénation, les

---

(1) S., 93, 1, 7.

(2) 29 nov. 1872 (S., 1873, 2, 134 ; D. P., 1874, 2, 107).

(3) C. de cass., 16 mars 1897 (S., 97, 1, 265).

(4) Arrêt précité du 16 mars 1897.

sommes dotales qu'il a, pour ainsi dire, absorbées, se retrouvent dans le prix de l'aliénation au profit de la femme (1). On attribue à la femme « le droit de prélever sur ce prix le montant de sa dot, par préférence à ses créanciers » (2), et, sans qu'on puisse lui opposer les hypothèques qu'elle aurait elle-même constituées sur son immeuble, étant donnée son incapacité de « conférer à ses créanciers un droit quelconque au détriment de sa dot inaliénable » (3).

Le prix d'un bien paraphernal dûment aliéné serait ainsi « dotal, et, à ce titre, inaliénable, jusqu'à concurrence de la dot mobilière qu'il représente » (4).

On assimile d'ailleurs à l'immeuble acheté avec des deniers dotaux, l'immeuble donné en payement d'une dot constituée en argent (5).

Nous avons peine à reconnaître dans cette théorie si compliquée, dans l'alliage de ces deux choses contradictoires, d'une part, la paraphernalité et son aliénabilité, et, d'autre part, la dotalité et son inaliénabilité, la règle si simple de l'art. 1553. Le bien que ce texte exclut de la dot ne doit-il pas, dès lors, être uniquement soumis au régime des paraphernaux ?

La terminologie même des arrêts nous semble accuser le vide de leur doctrine. Que signifie donc ce « gage », cette « représentation » (6) des deniers dotaux ? Nous avouons ne pas bien saisir ni ce nouveau genre de gage, ni cette problématique subrogation réelle, inconciliable, selon nous, avec l'art. 1553. Nous ne concevons pas davantage cette « dot amalgamée aux immeubles », dont parle la Cour de Toulouse (7). Deux éléments aussi disparates que la parapherna-

---

(1) Grenoble, 20 fév. 1894 (S., 95, 2, 289).
(2) C. de cass., 27 fév. 1883 (S., 84, 1, 185).
(3) Toulouse, 27 juin 1892 (S., 93, 2, 188).
(4) C. de cass., 26 nov. 1895 (D. P., 1896, 1, 313).
(5) Arrêt précité du 26 nov. 1895. Joignez même Cour, 1ᵉʳ déc. 1857 (D. P., 1858, 1, 71) ; Agen, 4 mai 1858 (D. P., 1858, 2, 152) ; Pau, 8 juin 1892 (D. P., 1894, 2, 315) ; Toulouse, 27 juin 1892 (S., 93, 2, 188).
(6) Arrêt précité de la C. de cass. du 16 mars 1897.
(7) Arrêt précité de la Cour de Toulouse du 27 juin 1892.

lité et la dotalité s'excluent nécessairement l'un l'autre, et ne sauraient, dès lors, s'amalgamer ensemble.

La jurisprudence s'est montrée, — on le voit, — singulièrement favorable au régime dotal, en accentuant, en forçant même les anomalies qui le séparent de notre droit commun.

Cette faveur ne semble pas avoir profité au développement, depuis le Code civil, sous l'empire de l'unité législative, de l'ancien régime des pays de droit écrit. Loin de s'étendre au delà de ses limites traditionnelles, le régime dotal n'a même pas, en effet, conservé ses anciennes positions (1).

La pratique notariale, dont l'influence sur les contrats de mariage se conçoit et se justifie aisément, lui a été, en général, plutôt contraire, surtout dans nos pays coutumiers, demeurés fidèles au régime de la communauté, du moins sous sa forme actuellement courante de la communauté réduite aux acquêts : « Les notaires le conseillent peu et le redoutent beaucoup », nous mandait naguère un notaire de Nantes, et l'un de ses collègues d'Angers nous avouait qu'il refusait systématiquement les affaires où se trouvait mêlé le régime dotal.

La décadence du régime dotal est du moins manifeste pour le régime dotal intégral, qu'un notaire de Montpellier nous donnait comme « d'une pratique déplorable, à tous les points de vue. » M. Dépinay a fait observer très judicieusement (2) que « si la jurisprudence actuelle tend à augmenter la sévérité du régime dotal, la pratique, par l'abandon progressif du régime dotal pur et par la combinaison de plus en plus fréquente des clauses de dotalité avec celle des autres régimes, cherche à en atténuer la rigueur. »

Convient-il de regretter l'insuccès du régime dotal? Claude Henrys plaidait jadis éloquemment la cause de l'inaliénabilité

---

(1) Un notaire de Limoges nous accusait ainsi en 1895 cette décadence du régime dotal : « Depuis une trentaine d'années, nous écrivait-il, le régime dotal n'est presque plus adopté dans notre région. Avant cette époque, il réglait la plupart des conventions matrimoniales... »

(2) *Op. cit.*, p. 460.

dotale : « Il est notoire, disait ce vieux jurisconsulte (1), que c'est un avantage commun aux familles que, y arrivant de la disgrâce et de la déroute, il y ait quelque ressource pour la femme et pour les enfants ; que celle-là qui aura porté une bonne dot, ne soit pas réduite à mendier l'assistance de ses proches ; que ceux-ci qui avaient une naissance avantageuse ne soient pas nécessités de chercher leur pain ; bref, que dans ce naufrage, il leur reste quelque table de ce débris. »

Tout système de conservation forcée, — tel que celui des substitutions ou autre, — peut avoir des avantages. Mais il présente aussi de graves inconvénients.

Il sauvegarde les intérêts des familles ; il est, comme le disait si gracieusement M. Leveillé, du *homestead*, la plus populaire de ses applications, la « protection des berceaux futurs », et concourt ainsi à l'une des fins providentielles du droit de propriété. Mais, par contre aussi, il paralyse ce même droit de propriété, en le dépouillant de son attribut essentiel ; et, — surtout dans les pays où l'on n'est pas familiarisé avec ses exigences, — il favorise les fraudes et occasionne aux tiers les plus pénibles surprises. Or, si désirable que soit la conservation d'un patrimoine à la famille, elle ne saurait, cependant être obtenue par tous les moyens : « *Loyaulté vault mieux que argent,* » disait si bien un vieux proverbe français (2). Règle bien française en effet : Nos plus anciens jurisconsultes en font foi. La loyauté était, pour Philippe de Beaumanoir, de toutes les nombreuses vertus qu'il exigeait de son bailli, « *le mellor de toutes, ne sans li ne poent les autres riens valoir* » (3). — « *Nous tenons et gardons droiture et servons bien et loiauté* », proclamait également le *Livre de jostice et de plet* (4). Ces antiques et nobles traditions de notre race seraient peut-être parfois bonnes à rappeler de nos jours.

----

(1) *Recueil d'arrêts*, édit. de 1662, t. II, liv. IV, quest. XXVII.

(2) *Bibliothèque de l'École des Chartes*, nov.-déc. 1899.

(3) *Coutumes du Beauvoisis*, ch. 1er.

(4) Livre Ier, n° 1.